Kalorienarme Küche

Nützliche Hinweise

*	**	***
einfach	etwas aufwendiger	anspruchsvoller

Zubereitungszeit = Vorbereitungs- und Garzeit

Es gelten die üblichen Maße und Abkürzungen.

Maßeinheiten und Abkürzungen

Becher = 250 ml
EL = leicht gehäufter Esslöffel oder 20 ml
TL = gestrichener Teelöffel oder 5 ml

g = Gramm
kg = Kilogramm
ml = Milliliter
l = Liter

Genehmigte Sonderausgabe für
edel entertainment GmbH
www.moewig.de
www.edel.de

Printed in China

ISBN 978-3-86803-251-2

Kalorienarme Küche

MOEWIG

Inhalt

Einfach

Etwas auwendiger

Anspruchsvoller

Vorwort

Die Zeiten, in denen kalorienbewusste Rezepte gleichbedeutend waren mit einem deutlich eingeschränkten Genuss, sind längst passé. Heute ist gesundes und kalorienarmes Essen zeitgemäß, attraktiv und lecker. Gesund und fit sein und dennoch in vollen Zügen genießen – das geht ganz einfach, wenn man weiß, wie. Wir haben für Sie einige Rezeptideen gesammelt, die Genuss ohne Reue ermöglichen, die Spaß machen. Oft ist schon viel erreicht, wenn man darauf achtet, mageres Fleisch und besonders viel Gemüse zu verwenden. Gemüse ist sehr vitaminreich und wirkt sich positiv auf die Verdauung aus. Mageres Fleisch ist ebenso gesund und liefert unserem Körper viel wertvolles Eiweiß, wichtige Mineralstoffe und hochwertiges Eisen. Gesund zu schlemmen bedeutet also keineswegs, verzichten zu müssen. Entscheidend sind die Qualität der Lebensmittel und die Zubereitung.

Die Palette unserer kalorienarmen Rezepte reicht von klassischer Vollwertkost über Gerichte mit magerem Fleisch bis hin zu köstlichen Gemüsegerichten.

Einige exotische Rezepte sind natürlich auch dabei: Ein leckeres Kürbisrezept (jamaikanische Kürbissuppe mit Hühnchenspieß), aber auch Kokos-Currysuppe mit Putenbrust gehören zur karibischen Küche. Aus Mexiko kommen unsere köstlichen Fajitas mit Hähnchen, und orientalischen Genuss versprechen die indischen Rezepte mit Schwein Vindaloo oder Geflügel Chicken-Corma.

Auch der Mittelmeerraum ist berühmt für seine gesunde Küche: Gefüllte Weinblätter aus Griechenland und mediterrane Hackbällchen in Tomatensoße schmecken nach Sonne und Meer. Da dürfen auch Meeresfrüchte nicht fehlen, die mit mehreren Garnelenrezepten wie z.Bsp.- Garnelen in Brandy-Knoblauchsoße und Riesengarnelen auf Paprikagemüse – vertreten sind. Für Fischliebhaber gibt es die Schollenröllchen mit geschmorten Tomaten als besondere Delikatesse. Besonders leicht sind außerdem die Omeletts und unsere Salatvariationen.

Lassen Sie sich von unseren Rezepten anregen, und Sie werden sehen: Gesund ist es genauso lecker!

einfach

Rosenkohl-Kasseler-Eintopf

ZUBEREITUNGSZEIT:
ca. 40 Minuten

PRO PORTION:
ca. 340 kcal/1420 kJ
E 28 g/F 11 g/KH 28 g

ZUTATEN FÜR 4 PERSONEN:
500 g Steckrübe
500 g Rosenkohl
400 g ausgelöster Kasselernacken
500 g Kartoffeln
1 EL Öl
1,5 l Gemüsebrühe
Salz
Pfeffer
5 Stiele Petersilie

Kartoffeln schälen

Steckrübe putzen, schälen und in Würfel schneiden. Rosenkohl putzen und Strunk kreuzweise einschneiden. Fleisch in Würfel schneiden.

Kartoffeln schälen, waschen und halbieren. Öl in einem großen Topf erhitzen und Fleisch ca. 3 Minuten anbraten. Brühe angießen und aufkochen. Kartoffeln und Steckrübe zugeben und 20 Minuten köcheln. Rosenkohl nach 5 Minuten zugeben. Mit Salz und Pfeffer abschmecken.

Petersilie waschen, trocken schütteln, etwas zum Garnieren beiseite legen. Übrige Blätter von den Stielen zupfen und hacken. Eintopf mit Petersilie bestreuen und garnieren.

Fischfilet auf Gemüsebett

ZUBEREITUNGSZEIT:
ca. 50 Minuten

PRO PORTION:
ca. 360 kcal/1510 kJ
E 40 g, F 7 g, KH 32 g

ZUTATEN FÜR 4 PERSONEN:
125 g grüne Linsen
500 g Möhren
1/2 Knollensellerie
1 große Stange Porree
750 ml Gemüsebrühe
1 TL getrockneter Thymian
600 g Lengfischfilet
Salz
Pfeffer
ca. 3 EL Mehl
2 EL Öl
einige Spritzer Zitronensaft
1–2 TL mittelscharfer Senf
ca. 2 EL Weinessig
Zitrone und Thymian zum Garnieren

Fischfilet in Mehl wenden

Linsen in kochendem Wasser ca. 20 Minuten garen. Inzwischen Möhren und Sellerie schälen, waschen und in kleine Stücke schneiden. Porree putzen, waschen und in Ringe schneiden.

Vorgegarte Linsen abgießen. Vorbereitetes Gemüse, Linsen und Brühe aufkochen.
Mit Thymian würzen und weitere ca. 20 Minuten garen.

Inzwischen Fischfilet waschen, trocken tupfen und in 8 Stücke schneiden.

Mit Salz und Pfeffer würzen, leicht in Mehl wenden und abklopfen.

Fischfilet in heißem Öl unter Wenden ca. 8 Minuten braten. Mit Zitronensaft würzen. Linsengemüse mit Salz, Pfeffer, Senf und Essig abschmecken. Fisch auf dem Linsengemüse anrichten. Mit Zitronenscheiben und Thymian garniert servieren.

Hähnchenfilet mit Tomatengemüse

ZUBEREITUNGSZEIT:
ca. 25 Minuten

PRO PORTION:
ca. 200 kcal/840 kJ
E 3 g, F 10 g, KH 5 g

ZUTATEN FÜR 4 PERSONEN:
1,2 kg Tomaten
4 Hähnchenfilets (à ca. 125 g)
3 Zwiebeln
2 Knoblauchzehen
2 EL Öl
Salz
Pfeffer
1/2 Bund Thymian
8 Schciben Baguette

Tomaten waschen, putzen und achteln. Hähnchenfilets waschen und trocken tupfen. Zwiebeln und Knoblauch schälen, fein würfeln. Öl in einer Pfanne erhitzen. Filets darin von jeder Seite 5–7 Minuten anbraten.

Tomaten, Zwiebel- und Knoblauchwürfel zugeben und ca. 5 Minuten mitbraten. Mit Salz und Pfeffer würzen.

Thymian waschen, trocken tupfen. Blättchen, bis auf etwas zum Garnieren, von den Stielen zupfen und unterrühren. Hähnchenfilets in Scheiben schneiden. Tomatengemüse und Fleisch anrichten. Mit Thymian garnieren.

Baguette dazureichen.

Hähnchenfilets braten

Thymian abzupfen

Fajitas mit Hähnchen

Hähnchenfleisch waschen, trocken tupfen und in Würfel schneiden. Paprika putzen, waschen und in Stücke schneiden. Lauchzwiebeln putzen, waschen und in Ringe schneiden. Tomaten waschen, putzen und würfeln. Eisbergsalat putzen, waschen und in Streifen schneiden.

Öl in einer Pfanne erhitzen. Fleisch darin ca. 5 Minuten braten. Mit Salz und Pfeffer würzen. Paprika und Lauchzwiebeln zum Fleisch geben und ca. 3 Minuten mitbraten. Tomaten zufügen.

Mit Salz und Pfeffer würzen und warm halten.

Tortillas in einer Pfanne ohne Fett von beiden Seiten ca. 15 Sekunden erwärmen. Tortillas mit Gemüse, Eisbergsalat, Salsa und saurer Sahne servieren.

ZUBEREITUNGSZEIT:
ca. 40 Minuten

PRO PORTION:
ca. 230 kcal/960 kJ
E 8 g, F 19 g, KH 7 g

ZUTATEN FÜR 4 PERSONEN:
400 g Hähnchenfilet
500 g rote Paprikaschoten
1 Bund Lauchzwiebeln
2 Tomaten
200 g Eisbergsalat
2 EL Öl
Salz
Pfeffer
4 Tortillas (à ca. 45 g)
2 EL Texicana Salsa
100 g saure Sahne

Kartoffel-Gemüsepfanne mit Rührei

ZUBEREITUNGSZEIT:
ca. 40 Minuten

PRO PORTION:
ca. 290 kcal/1210 kJ
E 14 g, F 12 g, KH 30 g

ZUTATEN FÜR 4 PERSONEN:
800 g Kartoffeln
2 EL Öl
Salz
weißer Pfeffer
500 g Brokkoli
4 Möhren
4 Eier (Größe M)
4 EL Mineralwasser
1/2 Bund Schnittlauch

Kartoffeln schälen, waschen und in Scheiben schneiden. Öl in einer beschichteten Pfanne erhitzen. Kartoffeln darin bei mittlerer Hitze unter gelegentlichem Wenden ca. 20 Minuten braten. Mit Salz und Pfeffer würzen.

Brokkoli putzen, in kleine Röschen teilen und waschen. Möhren schälen, waschen und würfeln.

Möhren in kochendes Salzwasser geben und ca. 6 Minuten garen.

Brokkoli nach ca. 3 Minuten zu den Möhren geben. Gemüse auf einem Sieb abtropfen lassen. Gemüse zu den Kartoffeln geben.

Eier und Mineralwasser verquirlen. Mit Salz und Pfeffer würzen. Eier zur Kartoffel-Gemüsepfanne gießen und unter Rühren stocken lassen.

Schnittlauch waschen, in Röllchen schneiden und über die Kartoffeln streuen.

Kartoffeln braten

Erbsen-Kräuter-Suppe

ZUBEREITUNGSZEIT:
ca. 25 Minuten

PRO PORTION:
ca. 140 kcal/580 kJ
E 7 g, F 6 g, KH 13 g

ZUTATEN FÜR 4 PERSONEN:
1 Ei
1 Zwiebel
1 EL Butter oder Margarine
300 g tiefgefrorene Erbsen
750 ml Gemüsebrühe
3 Stiele Minze
1/2 Bund Petersilie
4 EL cremiger Sahnejoghurt
Salz
weißer Pfeffer

Ei in ca. 10 Minuten hart kochen. Abgießen, kalt abschrecken und pellen. Zwiebel schälen und fein hacken. Fett schmelzen. Zwiebel darin andünsten. Gefrorene Erbsen zufügen und mit Brühe ablöschen. Aufkochen und ca. 5 Minuten köcheln lassen.

Inzwischen Kräuter waschen, trocken tupfen. Kräuterblättchen von den Stielen zupfen. Minze, bis auf etwas zum Garnieren, und Petersilie fein hacken. Ei fein würfeln. Joghurt glatt rühren. Suppe pürieren, mit Salz und Pfeffer abschmecken. Die gehackten Kräuter, bis auf 1 Esslöffel, und die Eiwürfel in die Suppe geben. Suppe in Schalen anrichten. Je 1 Esslöffel Joghurt auf die Suppe geben. Mit restlichen Kräutern bestreuen. Mit Minze garniert servieren.

Zwiebel dünsten

Suppe pürieren

Fisch-Brokkolipfanne mit Senfsoße

Kartoffeln schälen, waschen und in Würfel schneiden. Brokkoli putzen, waschen und in kleine Röschen teilen.

Fisch waschen, trocken tupfen und in ca. 4 cm große Stücke schneiden. Mit Zitronensaft beträufeln, salzen und leicht in Mehl wenden. 1 Esslöffel Öl erhitzen. Fisch darin unter Wenden ca. 5 Minuten braten.

1 Esslöffel Öl in einer weiteren Pfanne erhitzen. Kartoffeln darin rundherum anbraten. Mit Salz und Pfeffer würzen.

Brokkoli zufügen, kurz anbraten.
Mit Brühe ablöschen und ca. 3 Minuten köcheln lassen.

Kräuter waschen. Dill hacken, Schnittlauch in feine Röllchen schneiden. Kräuter und Senf in die Brühe rühren. Milch und Crème légère einrühren.

Soßenbinder einrühren, nochmals aufkochen. Fischstücke darin erhitzen. Mit Zitrone und frischen Kräutern garniert servieren.

ZUBEREITUNGSZEIT:
ca. 40 Minuten

PRO PORTION:
ca. 350 kcal/1470 kJ
E 35 g, F 9 g, KH 30 g

ZUTATEN FÜR 4 PERSONEN:
750 g Kartoffeln
500 g Brokkoli
600 g Seelachsfilet
1-2 EL Zitronensaft
Salz, bunter Pfeffer
4–5 EL Mehl
2 EL Öl
375 ml Gemüsebrühe
2 Stiele Dill
einige Halme Schnittlauch
2 EL körniger Senf
75 ml fettarme Milch
1 EL Crème légère
1 EL heller Soßenbinder
Zitrone und frische Kräuter zum Garnieren

Brokkoli in Röschen teilen

Kartoffeln würfeln

Schweine-Kokos-Geschnetzeltes mit Basmatireis

ZUBEREITUNGSZEIT:
ca. 30 Minuten

PRO PORTION:
ca. 370 kcal/1550 kJ
E 30 g, F 5 g, KH 52 g

ZUTATEN FÜR 4 PERSONEN:
2 Lauchzwiebeln
2 Knoblauchzehen
1 Stange Zitronengras
450 g Schweinefilet
250 g Basmatireis
Salz
1 EL Öl
1–2 EL Chilipulver
1 Dose (400 ml) Kokosmilch
2 TL gekörnte Gemüsebrühe
1–2 EL Limettensaft
Kokosraspeln und
Limettenscheiben zum
Garnieren

Lauchzwiebeln putzen

Lauchzwiebeln putzen, waschen und in Stücke schneiden. Knoblauch schälen und fein würfeln. Zitronengras putzen, waschen und vierteln. Fleisch waschen, trocken tupfen und in Stücke schneiden. Reis in 700 ml kochendem Salzwasser ca. 15 Minuten bei schwacher Hitze garen.

Inzwischen Öl in einer Pfanne erhitzen. Fleisch darin rundherum 4–5 Minuten braten, herausnehmen. Lauchzwiebeln und Knoblauch im Bratöl andünsten. Mit Chilipulver bestäuben. Kokosmilch, Gemüsebrühepulver und Zitronengras zugeben und aufkochen. Bei mittlerer Hitze ca. 8 Minuten garen. Zitronengras entfernen. Fleisch nach 5–6 Minuten zufügen. Geschnetzeltes mit Limettensaft abschmecken. Reis evtl. abgießen.

Kokosgeschnetzeltes mit Reis auf Tellern anrichten. Mit Kokosraspeln und Limettenscheiben garnieren.

Kokos-Koriandersuppe mit Garnelen

ZUBEREITUNGSZEIT:
ca. 30 Minuten

PRO PORTION:
ca. 170 kcal/710 kJ
E 15 g, F 8 g, KH 11 g

ZUTATEN FÜR 4 PERSONEN:
6 küchenfertige Garnelen (mit Schwanz)
1 EL Öl
1 Dose (425 ml) Kokosmilch
200 ml Fischfond
5 g frischer Ingwer
1/2 Chilischote
1 Limette
3 EL chinesische Fischsoße (aus der Flasche)
Salz
1 Bund Lauchzwiebeln
3 Stiele Koriander

Garnelen in Öl von jeder Seite ca. 1 Minute anbraten. Kokosmilch und Fischfond aufkochen und 2–3 Minuten köcheln lassen. Ingwer schälen und in die Suppe reiben. Chili putzen, Kerne entfernen, Schote in feine Ringe schneiden und zur Suppe geben.

Limette halbieren. Eine Hälfte in schmale Scheiben schneiden und die andere Hälfte auspressen. Suppe mit Fischsoße, Limettensaft und Salz abschmecken. Lauchzwiebeln putzen, waschen und in breite Streifen schneiden.

Lauchzwiebeln und Garnelen in die Suppe geben und 3–5 Minuten köcheln lassen. Koriander waschen, Blättchen von den Stielen zupfen, Suppe mit Korianderblättern und Limettenscheiben garnieren.

Garnelen anbraten

Ingwer schälen

Bunter Salat mit Hähnchenfilet

ZUBEREITUNGSZEIT:
ca. 35 Minuten

PRO PORTION:
ca. 290 kcal/1210 kJ
E 46 g, F 7 g, KH 10 g

ZUTATEN FÜR 4 PERSONEN:
4 Hähnchenfilets (à ca. 150 g)
2 EL Öl
Salz
schwarzer Pfeffer
1 Zwiebel
1 Bund Schnittlauch
1 Knoblauchzehe
300 g Magermilchjoghurt
200 g Magerquark
3 rote Zwiebeln
je 1 rote und gelbe
Paprikaschote
1 Römersalatherzen
1/2 Pflück-Salat
1/2 Frisée-Salat

Salat schneiden

Filets in Scheiben schneiden

Fleisch waschen und trocken tupfen. Öl in einer Pfanne erhitzen.

Fleisch darin rundherum kräftig anbraten und unter Wenden bei mittlerer Hitze weitere ca. 15 Minuten braten. Fleisch mit Salz und Pfeffer würzen, aus der Pfanne nehmen.

Inzwischen für das Dressing Zwiebel schälen und fein würfeln. Schnittlauch waschen, trocken tupfen und in Röllchen schneiden. Knoblauch schälen und fein hacken. 1 Esslöffel Schnittlauchröllchen beiseitestellen. Joghurt, Quark, Zwiebelwürfel und restliche Schnittlauchröllchen verrühren.

Mit Salz und Pfeffer kräftig würzen. Rote Zwiebeln schälen und in feine Ringe schneiden. Paprika putzen, waschen und in Stücke schneiden.

Salate putzen, waschen und gut abtropfen lassen. Salate in mundgerechte Stücke zupfen oder in Streifen schneiden. Salate, Paprika und Zwiebelringe mischen.

Fleisch in Scheiben schneiden und darauf anrichten. Dressing darübergeben. Mit beiseitegestelltem Schnittlauch und Pfeffer bestreuen.

Dazu schmeckt Baguette.

Gemüsegulasch

ZUBEREITUNGSZEIT:
ca. 35 Minuten

PRO PORTION:
ca. 350 kcal/1470 kJ
E 12 g, F 25 g, KH 15 g

ZUTATEN FÜR 4 PERSONEN:
750 g Porree
400 g Champignons
200 g Kirschtomaten
2 EL Butterschmalz
Salz
Pfeffer
500 ml Gemüsebrühe
100 g Schlagsahne
125 g Schmelzkäse
je 1/2 Bund Kerbel und Petersilie
1–2 EL heller Soßenbinder
Kräuter zum Garnieren

Porree putzen, waschen und in Ringe schneiden. Champignons putzen, evtl. waschen und halbieren. Tomaten waschen und halbieren. Schmalz erhitzen. Champignons darin goldbraun anbraten. Porree zufügen, kurz mit anbraten. Mit Salz und Pfeffer würzen.

Mit Brühe ablöschen, 5 Minuten köcheln. Sahne und Käse zufügen.

Kräuter waschen, fein hacken, zufügen. Soßenbinder einstreuen, aufkochen lassen. Tomaten darin erhitzen. Mit Salz und Pfeffer abschmecken.

Mit Kräutersträußchen garniert servieren. Dazu schmecken Laugenbrezel.

Porree putzen

Möhren-Brokkoli-Ragout

ZUBEREITUNGSZEIT:
ca. 35 Minuten

PRO PORTION:
ca. 290 kcal/1210 kJ
E 12 g, F 7 g, KH 45 g

ZUTATEN FÜR 4 PERSONEN:
1 Bund junge Möhren
800 g Brokkoli
600 g Kartoffeln
600 ml Gemüsebrühe
2 EL Sesam
4 EL heller Soßenbinder
150 g stichfeste saure Sahne
1–2 EL mittelscharfer Senf
1 EL körniger Senf
Salz
1 Beet Kresse

Möhren und Brokkoli putzen und waschen. Brokkoli in Röschen teilen. Kartoffeln schälen, waschen und längs in Spalten schneiden.

Gemüsebrühe aufkochen, Kartoffeln und Möhren darin zugedeckt 15–20 Minuten garen. Brokkoli ca. 5 Minuten vor Ende der Garzeit zufügen und mitgaren.

Sesam in einer Pfanne ohne Fett rösten, herausnehmen. Gemüse aus der Brühe heben und auf Teller verteilen.

Soßenbinder in die Brühe einrühren und nochmals aufkochen. Saure Sahne und Senf unterrühren und mit Salz abschmecken.

Senfsoße über das Gemüse gießen und mit Sesam und Kresse bestreut servieren.

Brokkoli in Röschen teilen

Eieromelett mit Spargel

ZUBEREITUNGSZEIT:
ca. 30 Minuten

PRO PORTION:
ca. 200 kcal/840 kJ
E 9 g, F 17 g, KH 3 g

ZUTATEN FÜR 4 PERSONEN:
4 Eier
1/2 Bund Petersilie,
2 Stiele Schnittlauch und
Basilikum
Salz
weißer Pfeffer
geriebene Muskatnuss
2 EL Öl
300 g grüner Spargel
2 Tomaten
1 kleine Zwiebel
2 EL Weißweinessig
2 EL Olivenöl
1 Prise Zucker
Basilikum zum Garnieren

Kräuter hacken

Spargelenden abschneiden

schneiden. Spargel waschen und in kleine Stücke schneiden. Im kochendem Salzwasser ca. 8 Minuten garen.

Spargel herausnehmen und abkühlen lassen. Tomaten putzen, waschen, vierteln und entkernen. Tomaten in kleine Würfel schneiden.

Zwiebel schälen und klein würfeln. Essig und Öl verrühren. Zwiebel unterheben. Mit Salz, Pfeffer und Zucker würzen.

Spargel und Tomatenwürfel mit der Marinade vermengen. Omelett in Rauten schneiden und mit dem Spargel-Tomatensalat auf Tellern anrichten. Mit Basilikum garnieren.

Eier verschlagen. Kräuter waschen, trocken tupfen, fein hacken und zum Ei geben. Mit Salz, Pfeffer und Muskat würzen. Öl in einer kleinen Pfanne (ca. 18 cm Ø) erhitzen. Eiermasse in die Pfanne geben und bei schwacher Hitze 6 Minuten stocken lassen. Eieromelett auf einen Teller gleiten lassen und umgedreht wieder in die Pfanne geben.

Dann weitere 3 Minuten stocken lassen. Vom Spargel die unteren holzigen Enden ab-

Tomatensuppe

ZUBEREITUNGSZEIT:
ca. 40 Minuten

PRO PORTION:
ca. 360 kcal/1510 kJ
E 19 g, F 9 g, KH 49 g

ZUTATEN FÜR 4 PERSONEN:
200 g Langkornreis
Salz
5 Tomaten
1 Bund Lauchzwiebeln
3 TL Öl
1 EL Tomatenmark
800 ml Gemüsebrühe
250 g Rinderhackfleisch
1 Eigelb
Pfeffer

Tomaten entkernen

Reis in kochendem Salzwasser nach Packungsanweisung garen. Tomaten kreuzweise einritzen, mit kochendem Wasser überbrühen, abschrecken und die Haut abziehen. 1 Tomate vierteln, entkernen und in Streifen schneiden. Restliche Tomaten in Stücke schneiden. Lauchzwiebeln putzen, waschen und in Ringe schneiden. 1 Teelöffel Öl in einem Topf erhitzen. Tomatenstücke und Lauchzwiebelringe darin andünsten. Tomatenmark zufügen, Gemüsebrühe angießen.

Alles aufkochen und ca. 5 Minuten köcheln lassen. Inzwischen Hack und Eigelb verkneten, mit Salz und Pfeffer würzen. Aus dem Hackteig kleine Bällchen formen. 2 Teelöffel Öl in einer Pfanne erhitzen. Hackbällchen darin rundherum ca. 5 Minuten braten. Reis abgießen, abtropfen lassen. Hackbällchen, Reis und Tomatenstreifen in die Suppe geben, kurz darin erwärmen. Suppe mit Salz und Pfeffer abschmecken.

Bohnensalat mit Pfifferlingen

ZUBEREITUNGSZEIT:
ca. 40 Minuten

PRO PORTION:
ca. 230 kcal/960 kJ
E 8 g, F 19 g, KH 7 g

ZUTATEN FÜR 4 PERSONEN:
200 g Kirschtomaten
250 g Pfifferlinge
350 g Brechbohnen
Salz
100 g geräucherter durchwachsener Speck
1 Zwiebel
4 EL Weißweinessig
100 ml Gemüsebrühe
4 EL Olivenöl
Pfeffer
1 Bund Thymian

Tomaten putzen, waschen. Pfifferlinge putzen und waschen. Bohnen putzen, waschen und in mundgerechte Stücke schneiden. Bohnen in kochendem Salzwasser ca. 15 Minuten garen.

In der Zwischenzeit Speck fein würfeln und in einer Pfanne knusprig auslassen. Zwiebel schälen und fein würfeln. Zum Speck geben und glasig dünsten. Herausnehmen und Pfifferlinge im Bratfett 5 Minuten rundherum kräftig braten. Tomaten zufügen und erwärmen. Herausnehmen. Bratensatz mit Essig und Gemüsebrühe ablöschen und kurz aufkochen. Öl darunterschlagen. Mit Salz und Pfeffer würzen.

Bohnen abgießen und mit kaltem Wasser abschrecken. Bohnen, Pfifferlinge, Tomaten und Vinaigrette vermengen. Thymian waschen, trocken tupfen und die Blättchen, bis auf einige zum Garnieren, von den Stielen zupfen und unter den Salat heben.

Dazu schmeckt Graubrot.

Speck würfeln

Riesengarnelen auf Paprikagemüse

ZUBEREITUNGSZEIT:
ca. 30 Minuten

PRO PORTION:
ca. 220 kcal/920 kJ
E 25 g, F 7 g, KH 8 g

ZUTATEN FÜR 4 PERSONEN:
2 rote Paprikaschoten
je 1 grüne und gelbe Paprikaschote
1 kleine Gemüsezwiebel
12 küchenfertige Riesengarnelenschwänze (ca. 500 g)
2 Knoblauchzehen
2 EL Olivenöl
Salz
Pfeffer
1 Bund Petersilie

Paprika putzen, waschen und in Stücke schneiden. Zwiebel schälen und grob würfeln. Garnelen kalt abspülen und trocken tupfen. Knoblauch schälen und fein würfeln. Garnelen und Knoblauch im heißen Öl anbraten.

Mit Salz und Pfeffer würzen und ca. 5 Minuten unter Wenden garen. Aus der Pfanne nehmen. Paprika und Zwiebel im Bratöl 8–10 Minuten dünsten.

Mit Salz und Pfeffer würzen. Garnelen zufügen und mit erwärmen.

Petersilie waschen, trocken tupfen, hacken und darüberstreuen.

Knoblauch schälen

Garnelen anbraten

Mediterraner Brotsalat

ZUBEREITUNGSZEIT:
ca. 30 Minuten

PRO PORTION:
ca. 370 kcal/1550 kJ
E 10 g, F 24 g, KH 24 g

ZUTATEN FÜR 4 PERSONEN:
4 Tomaten
2 Stiele Basilikum
150 g junger Spinat
1 Knoblauchzehe
4 EL Zitronensaft
Salz
Pfeffer
1/2 Baguette
3 Stiele Thymian
40 g Pinienkerne
4 EL Olivenöl
100 g Parmaschinken
75 g schwarze Oliven

Tomaten putzen, waschen, in Scheiben schneiden. Basilikumblätter abzupfen und waschen. Spinat verlesen, waschen, gut abtropfen lassen. Knoblauch schälen, durch eine Knoblauchpresse drücken.

Mit Zitronensaft verrühren. Mit Salz und Pfeffer würzen.

Marinade und vorbereitete Zutaten vermengen. Baguette in dünne Scheiben schneiden. Thymian waschen und hacken. Pinienkerne in einer Pfanne ohne Fett anrösten, herausnehmen. Olivenöl in derselben Pfanne erhitzen. Baguettescheiben darin von jeder Seite kurz anrösten, mit Thymian bestreuen.

Brotscheiben unter den Salat mischen. Portionsweise mit Parmaschinken, Pinienkernen und Oliven anrichten.

Fischspieß mit Zuckerschoten-Möhren-Salat und Ingwer-Vinaigrette

ZUBEREITUNGSZEIT:
ca. 20 Minuten

PRO PORTION:
ca. 400 kcal/1690 kJ
E 33 g/F 17 g/KH 27 g

ZUTATEN FÜR 4 PERSONEN:
120 g Zuckerschoten
Salz
400 g Möhren
ca. 2 cm Ingwerknolle
8 Stiele Koriander
4 Lauchzwiebeln (80 g)
600 g Lengfischfilet
2 EL Öl
Pfeffer
2 EL Limettensaft
etwas Sesamsaat
4 EL (10 g) Chilisoße für Huhn
1 TL (5 g) milde Sojasoße
Zucker
3 Scheiben (à 10 g)
Vollkornbaguette
8 Metallspieße

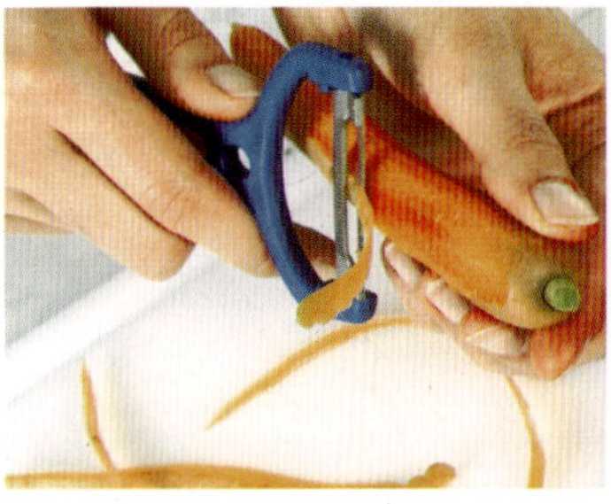

Möhre schälen

Zuckerschoten in Salzwasser ca. 4 Minuten blanchieren, dann unter kaltem Wasser abschrecken und abtropfen lassen. Möhren schälen, dann mit dem Sparschäler in sehr dünne Scheiben schneiden. Ingwer schälen und sehr fein hacken. Koriander waschen, trocken tupfen und die Blättchen fein hacken. Lauchzwiebeln putzen, waschen und schräg in Stücke schneiden. Fisch waschen, trocken tupfen und in Würfel (ca. 2 x 2 cm) schneiden. Fisch und Lauchzwiebeln abwechselnd auf Spieße reihen.

1 Esslöffel Öl in einer Pfanne erhitzen. Fischspieße unter Wenden ca. 4 Minuten braten und mit Salz und Pfeffer würzen. Limettensaft, Koriander, Sesam, Ingwer, Chilisoße und Sojasoße verrühren, 1 Esslöffel Öl darunterschlagen.

Vinaigrette mit Zucker und Pfeffer abschmecken. Zuckerschoten und Möhren vermengen und mit 4 Esslöffel Vinaigrette marinieren. Übrige Vinaigrette extra servieren. Baguette dazureichen.

Leichter Nizza-Salat

ZUBEREITUNGSZEIT:
ca. 25 Minuten

PRO PORTION:
ca. 290 kcal/1210 kJ
E 30 g/F 14 g/KH 9 g

ZUTATEN FÜR 4 PERSONEN:
4 Eier (Größe S)
400 g grüne Bohnen
Salz
175 ml Gemüsebrühe
3 EL Zitronensaft
2 EL Olivenöl
Salz
Pfeffer
1 Prise Zucker
200 g Kirschtomaten
3 rote Zwiebeln
2 Römersalatherzen
2 Dosen Thunfischfilets ohne Öl
8 Scheiben (à 10 g)
Baguettebrot

Eier in kochendem Wasser ca. 8 Minuten hart kochen, abschrecken. Bohnen waschen, putzen und je nach Größe halbieren oder dritteln. In kochenden Salzwasser 6-8 Minuten bissfest garen. Sofort in kaltem Wasser abschrecken.

Brühe und Zitronensaft verrühren. Öl darunterschlagen und mit Salz, Pfeffer und Zucker abschmecken. Tomaten waschen und je nach Größe halbieren oder vierteln. Zwiebeln schälen und in Ringe schneiden. Salat putzen, waschen und in Streifen schneiden. Thunfisch abgießen. Salatzutaten mischen, anrichten. Eier schälen, in Scheiben schneiden.

Mit Dressing beträufeln und mit Eischeiben belegen. Dazu schmeckt Baguettebrot.

Zwiebel schälen

Gedämpfter Kabeljau auf Bouillon-Kartoffeln

Kartoffeln schälen, waschen und in Spalten schneiden. Paprika putzen, waschen und in dünne Spalten schneiden. Brühe aufkochen. Kartoffeln darin ca. 15 Minuten garen. Paprikastreifen ca. 3 Minuten mitgaren.

Inzwischen Fisch waschen und trocken tupfen. Mit Salz würzen und mit Zitronensaft beträufeln. Fisch aufrollen und zuerst in Frischhaltefolie, dann in Alufolie wickeln. In siedendem Wasser 10–12 Minuten dünsten. Fisch herausnehmen, aus der Folie lösen und halbieren. Meersalz mit 8 Teelöffel Olivensud verrühren und über den Fisch träufeln.

Kartoffeln und Paprika mit Salz und Pfeffer würzen. Mit der Brühe und den Oliven anrichten. Fisch daraufsetzen und mit Majoran garnieren.
Mit schwarzem Pfeffer bestreuen.

ZUBEREITUNGSZEIT:
ca. 35 Minuten

PRO PORTION:
ca. 290 kcal/1230 kJ
E 34 g/F 6 g/KH 22 g

ZUTATEN FÜR 4 PERSONEN:
600 g Kartoffeln
1 rote Paprikaschote
800 ml Gemüsebrühe
700 g Kabeljaufilet
Salz
4 EL Zitronensaft
4 TL Meersalz
4 EL schwarze Oliven
Pfeffer
Majoran zum Garnieren
schwarzer Pfeffer zum Bestreuen
Frischhaltefolie
Alufolie

Kartoffeln schälen

Paprika putzen

Wokgemüse mit Pute

ZUBEREITUNGSZEIT:
ca. 30 Minuten

PRO PORTION:
ca. 390 kcal/1630 kJ
E 34 g, F 7 g, KH 50 g

ZUTATEN FÜR 4 PERSONEN:
175 g Basmatireis
Salz
3 bunte Paprikaschoten
400 g Putenbrust
1 Dose Ananasringe im eigenen Saft
200 g Sojasprossen
2 EL Sesamöl
Pfeffer
4 EL Sojasoße
einige Spritzer Limettensaft
Limettenspalten zum Garnieren

Reis in kochendem Salzwasser nach Packungsanweisung garen. Inzwischen Paprika putzen, waschen und in Streifen schneiden. Putenfleisch waschen, trocken tupfen und in Würfel schneiden. Ananas abtropfen lassen, Saft dabei auffangen. Ananas in Stücke schneiden.

Sojasprossen waschen und abtropfen lassen. Sesamöl erhitzen. Putenwürfel darin unter Wenden goldbraun braten. Mit Salz und Pfeffer würzen.

Paprika und Ananas zufügen, ca. 5 Minuten mitbraten. Mit Salz, Pfeffer und Sojasoße würzen. Sprossen unterheben und zusammenfallen lassen. Wokgemüse mit Limetten- und 4 Esslöffel Ananassaft abschmecken.

Reis abgießen und zusammen mit dem Wokgemüse anrichten.

Mit Limettenspalten garniert servieren.

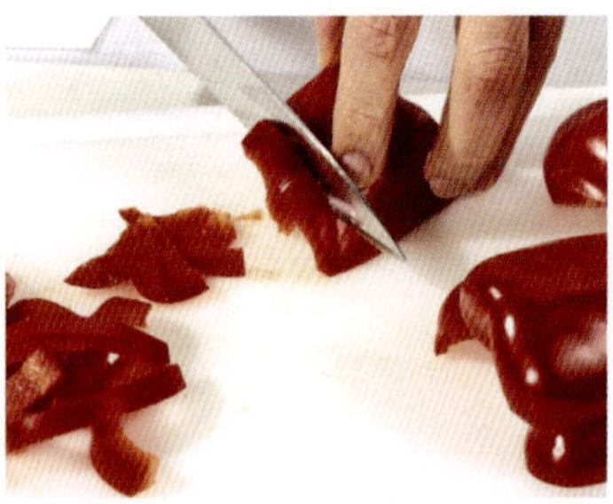

Paprika in Streifen schneiden

Garnelen in Brandy-Knoblauchsoße

ZUBEREITUNGSZEIT:
ca. 30 Minuten

PRO PORTION:
ca. 330 kcal/1380 kJ
E 23 g, F 20 g, KH 12 g

ZUTATEN FÜR 4 PERSONEN:

1 kleine Gemüsezwiebel
500 g Tomaten
1 kleiner Römersalat
Salz
Pfeffer
4-5 EL Weißweinessig
7-8 EL Olivenöl
8 Knoblauchzehen
1 unbehandelte Zitrone
500 g rohe Garnelen
(ohne Kopf, in Schale)
4-5 EL Brandy
1-2 EL Tomatenmark
1/2 Töpfchen frischer
Koriander
Zitronenspalten zum Garnieren

Gemüsezwiebel schälen und grob würfeln. Tomaten waschen, trocken tupfen und grob in Stücke schneiden. Salat waschen und gut abtropfen lassen. Kleine Blättchen ganz lassen, große in Stücke zupfen. Salatzutaten mischen, mit Salz und Pfeffer bestreuen und mit Essig und 4–5 Esslöffeln Olivenöl beträufeln.

Knoblauchzehen waschen, abtropfen lassen, aber nicht schälen. Zitrone waschen, trocken tupfen und die Schale mit einem Juliennereißer in feinen Streifen abziehen. Zitrone auspressen.

Garnelen waschen und abtropfen lassen. 3 Esslöffel Olivenöl in einer Pfanne erhitzen und die Knoblauchzehen darin kurz anbraten. Garnelen zufügen und unter Wenden ebenfalls anbraten. Mit Salz und Pfeffer würzen.

Brandy, 2–3 Esslöffel Zitronensaft und ca. 200 ml Wasser angießen, Tomatenmark einrühren und ca. 1 Minute köcheln lassen.

Koriander waschen, trocken tupfen und, bis auf etwas zum Garnieren, grob schneiden. Koriander und Zitronenschale unter die Garnelen mischen und in einer tiefen Schale anrichten. Mit Zitronenspalten und Korianderblättchen garnieren. Salat und frisches Weißbrot extra dazureichen.

etwas aufwendiger

endig

Leichter Kartoffelsalat

Kartoffeln waschen und ca. 15 Minuten kochen. Kartoffeln kalt abschrecken, pellen und je nach Größe eventuell halbieren. Inzwischen Essig, Brühe, Salz und Pfeffer verrühren.

Öl darunterschlagen. Schnittlauch waschen, trocken tupfen und in Röllchen schneiden. Schnittlauch in die Vinaigrette rühren. Kartoffeln und Vinaigrette vermengen. Gurke waschen, trocken reiben und putzen.

Gurke quer halbieren und rund um das Kerngehäuse mit einem Sparschäler in feine Streifen schneiden.

Radieschen waschen, putzen und in Spalten schneiden. Sprossen waschen und abtropfen lassen.

Gurke und Radieschen zum Kartoffelsalat geben und unterheben. Mit Salz und Pfeffer abschmecken. Mit Radieschensprossen bestreuen.

ZUBEREITUNGSZEIT:
ca. 50 Minuten

PRO PORTION:
ca. 240 kcal/1000 kJ
E 6 g, F 5 g, KH 40 g

ZUTATEN FÜR 4 PERSONEN:
1 kg kleine Kartoffeln
6 EL Weißweinessig
100 ml Gemüsebrühe
Salz
Pfeffer
2 EL Öl
1 Bund Schnittlauch
1 Salatgurke
1 Bund Radieschen
50 g Radieschensprossen

Schnittlauch in Röllchen schneiden

Radieschen in Spalten schneiden

Grüne Ravioli mit Pilzen und Kirschtomaten

ZUBEREITUNGSZEIT:
ca. 30 Minuten

PRO PORTION:
ca. 370 kcal/1550 kJ
E 15 g, F 14 g, KH 44 g

ZUTATEN FÜR 4 PERSONEN:
250 g Champignons
200 g Austernpilze
1 Bund Lauchzwiebeln
250 g Kirschtomaten
1/2 l Gemüsebrühe
200 g Kondensmilch
(4 % Fett)
3 EL heller Soßenbinder
Salz
weißer Pfeffer
2 EL Zitronensaft
1 Packung grüne Käsetortellini
(250 g)
2 EL Öl
getrockneter Thymian
Thymian und Petersilie zum
Garnieren

Austernpilze klein schneiden

Pilze putzen. Champignons halbieren, Austernpilze in Stücke schneiden. Lauchzwiebeln putzen, waschen und in Ringe schneiden. Tomaten waschen und halbieren.

Brühe und Kondensmilch aufkochen. Soßenbinder einrühren, nochmals aufkochen. Mit Salz, Pfeffer und Zitronensaft abschmecken. Tortellini in die Soße geben und bei schwacher Hitze 2–3 Minuten ziehen lassen. Inzwischen Öl in einer Pfanne erhitzen. Pilze darin anbraten. Lauchzwiebeln und Tomaten zugeben, kurz mitbraten. Mit Salz, Pfeffer und Thymian abschmecken. Gemüse zu den Tortellini geben.

Tortellini auf Tellern anrichten. Mit Thymian und Petersilie garniert servieren.

Tomaten-Champignonsalat mit Rauke

ZUBEREITUNGSZEIT:
ca. 45 Minuten

PRO PORTION:
ca. 180 kcal/750 kJ
E 5 g, F 16 g, KH 5 g

ZUTATEN FÜR 4 PERSONEN
500 g Champignons
5 Stiele Thymian
1 Knoblauchzehe
6 EL Olivenöl
1 2 TL brauner Zucker
Saft von 1 Zitrone
2 EL Weißweinessig
Salz
Pfeffer
400 g Kirschtomaten
125 g Rauke
Zitronenscheiben zum Garnieren

Champignons putzen und halbieren. Thymian waschen, trocken tupfen und fein hacken. Knoblauch schälen und fein würfeln.

3 Esslöffel Öl in einer Pfanne erhitzen. Champignons darin ca. 5 Minuten goldbraun braten. Mit Zucker bestreuen und ca. 1 Minute weiterbraten.
3 Esslöffel Öl und Knoblauch zufügen, etwas anbraten.
Mit Zitronensaft und Essig ablöschen. Ca. 3 Minuten einkochen lassen. Mit Salz und Pfeffer abschmecken, Thymian unterrühren. Etwas abkühlen lassen.

Inzwischen Tomaten waschen und halbieren. Rauke putzen, waschen und abtropfen lassen. Rauke, Tomaten, lauwarme Champignons und Vinaigrette vermengen.

Salat anrichten und mit Zitronenscheiben garniert servieren. Dazu schmeckt Ciabatta.

Thymian hacken

Kartoffeln und Gemüse vom Blech

ZUBEREITUNGSZEIT:
ca. 40 Minuten

PRO PORTION:
ca. 310 kcal/1300 kJ
E 11 g, F 18 g, KH 24 g

ZUTATEN FÜR 4 PERSONEN:
1 Knoblauchzehe
3 Stiele Petersilie
300 g Schmand
250 g Magerquark
einige Spritzer Tabasco
Salz
Pfeffer
1 Prise Zucker
800 g kleine Kartoffeln
3 EL Öl
4 Möhren
2 rote Paprikaschoten
2 Zucchini
2 Bund Lauchzwiebeln
100 g Frühstücksspeck (Scheiben)
2 Stiele Thymian

Knoblauch schälen und fein hacken. Petersilie waschen, trocken tupfen, Blättchen abzupfen und fein hacken. Schmand, Quark, Knoblauch, Petersilie und Tabasco verrühren. Mit Salz, Pfeffer und Zucker abschmecken.

Kartoffeln eventuell schälen, waschen und auf die Fettpfanne des Backofens geben. Öl darüberträufeln, kurz vermengen. Kartoffeln im vorgeheizten Backofen (E-Herd: 200 °C/Umluft: 175 °C/Gas: Stufe 3) ca. 30 Minuten backen.

Inzwischen Möhren schälen, der Länge nach halbieren und in Stücke schneiden.

Paprika putzen, waschen und in Stücke schneiden. Zucchini waschen, putzen und in dünne Scheiben schneiden. Lauchzwiebeln putzen, waschen und Stücke schneiden. Speckscheiben quer halbieren und nach ca. 10 Minuten zu den Kartoffeln geben. Paprika, Möhren und Thymian nach weiteren 4–5 Minuten zugeben.

Mit Salz und Pfeffer würzen. Alles gut vermengen.

Zuchini und Lauchzwiebeln die letzten 3–4 Minuten mitgaren. Eventuell noch mal mit Salz und Pfeffer abschmecken. Schmand-Dip dazureichen.

Schmand und Kräuter verrühren

Zucchini in Scheiben schneiden

Möhren in Stücke schneiden

Champignons in Tomaten-Knoblauch-Rahm

ZUBEREITUNGSZEIT:
ca. 30 Minuten

PRO PORTION:
ca. 210 kcal/880 kJ
E 9 g, F 15 g, KH 8 g

ZUTATEN FÜR 4 PERSONEN:
1 mittelgroße Zwiebel
3 Knoblauchzehen
2 EL Öl
1 Dose (850 ml) Tomaten
1,5 kg Champignons
1 Bund Basilikum
1/4 l Gemüsebrühe
200 g Schlagsahne
1 EL Speisestärke
Salz
Cayennepfeffer
1 Prise Zucker

Zwiebel schälen und fein würfeln. Knoblauch schälen und durch eine Knoblauchpresse drücken. 1 Esslöffel Öl in einem Topf erhitzen. Zwiebel und Knoblauch darin andünsten. Tomaten mit Saft zufügen, etwas zerkleinern und ca. 15 Minuten köcheln.

In der Zwischenzeit Champignons putzen und säubern. Basilikum waschen, trocken tupfen und abzupfen. Restliches Öl in einer Pfanne erhitzen und die Champignons darin ca. 5 Minuten anbraten. Brühe und 150 g Sahne zu den Tomaten geben und aufkochen. Stärke mit 1 Esslöffel Wasser glatt rühren und die Soße damit binden. Mit Salz, Cayennepfeffer und Zucker würzen. Champignons in die Tomatensoße geben.

Basilikum, bis auf etwas zum Garnieren, in Streifen schneiden und unter die Champignons rühren. In einer Schüssel anrichten, mit restlichem Basilikum garnieren und mit der übrigen Sahne beträufeln. Dazu schmeckt Baguette.

Pilze anbraten

Maultaschen-Pfanne

ZUBEREITUNGSZEIT:
ca. 40 Minuten

PRO PORTION:
ca. 250 kcal/1050 kJ
E 10 g, F 15 g, KH 17 g

ZUTATEN FÜR 4 PERSONEN
1 Packung (250 g; 6 Stück) Maultaschen mit Schweinefleisch
Salz
250 g Champignons
je 1 rote und gelbe Paprikaschote
1 Stange Porree
2 EL Öl
100 ml Gemüsebrühe
Pfeffer
1/2 Bund Schnittlauch
100 g Schmand

Maultaschen in kochendem Salzwasser 3–4 Minuten erhitzen, abgießen. Champignons putzen und halbieren. Paprikaschoten putzen, waschen und in Stücke schneiden. Porree putzen, waschen und in Streifen schneiden.

Maultaschen diagonal halbieren. Öl in einer Pfanne erhitzen. Maultaschen darin anbraten, herausnehmen. Gemüse und Pilze im Bratöl anbraten. Maultaschen zufügen und Brühe angießen. Ca. 5 Minuten garen. Mit Salz und Pfeffer abschmecken. Schnittlauch waschen, trocken tupfen und in Röllchen schneiden. Schnittlauch, bis auf etwas zum Garnieren, und Schmand verrühren. Schmand als Kleckse auf die Maultaschen-Pfanne geben. Restlichen Schnittlauch darüberstreuen.

Maultaschen erhitzen

Champignons halbieren

mono

Kartoffel-Pfanne mit Putenbrust

Kartoffeln waschen und ca. 20 Minuten kochen. Abgießen, kalt abschrecken und pellen. Etwas abkühlen lassen. Eier und Milch verquirlen. Mit Salz und Pfeffer würzen. Lauchzwiebeln putzen, waschen und in Ringe schneiden. Kartoffeln in Scheiben schneiden. In 2 beschichteten Pfannen (ca. 16 cm Ø) jeweils 1 Teelöffel Öl erhitzen. Kartoffeln auf die Pfannen verteilen und ca. 5 Minuten anbraten.

Lauchzwiebeln, bis auf 2 Esslöffel, zu den Kartoffeln geben. Jeweils die Hälfte der Eiermilch darübergießen, zugedeckt bei schwacher Hitze 10 15 Minuten stocken lassen.

Tortillas vorsichtig lösen, auf die Deckel gleiten lassen. Mit der hellen Seite nach unten in die Pfanne stürzen und weitere ca. 5 Minuten braten. Herausnehmen.

Restliche Lauchzwiebeln kurz im Bratöl dünsten. Tortillas damit bestreuen. Mit Putenbrust garnieren.

Dazu schmeckt Tomatensalat.

ZUBEREITUNGSZEIT:
ca. 1 Stunde

PRO PORTION:
ca. 310 kcal/1170 kJ
E 19 g, F 11 g, KH 35 g

ZUTATEN FÜR 4 PERSONEN:
750 g Kartoffeln
4 Eier (Größe M)
150 ml fettarme Milch
Salz
weißer Pfeffer
1 Bund Lauchzwiebeln
2 TL Öl
100 g Putenbrustaufschnitt
(in dünnen Scheiben)

Kartoffeln kochen

Eier mit Milch verquirlen

Chicken-Corma

ZUBEREITUNGSZEIT:
ca. 40 Minuten

PRO PORTION:
ca. 540 kcal/2260 kJ
E 46 g, F 32 g, KH 17 g

ZUTATEN FÜR 4 PERSONEN:
750 g Hähnchenfilets
1 Bund rote Lauchzwiebeln
20 g frischer Ingwer
2 Knoblauchzehen
3 EL Öl
2 TL Kurkuma
1 Lorbeerblatt
200 g Schlagsahne
2 Becher Sahnejoghurt
50 g Kokosnusscreme
(aus der Dose)
1/8 l klare Hühnerbouillon
1 TL Edelsüß-Paprika
1/2 TL mildes Chilipulver
1/2 Bund Koriander
Salz
Lauchzwiebeln zum Garnieren

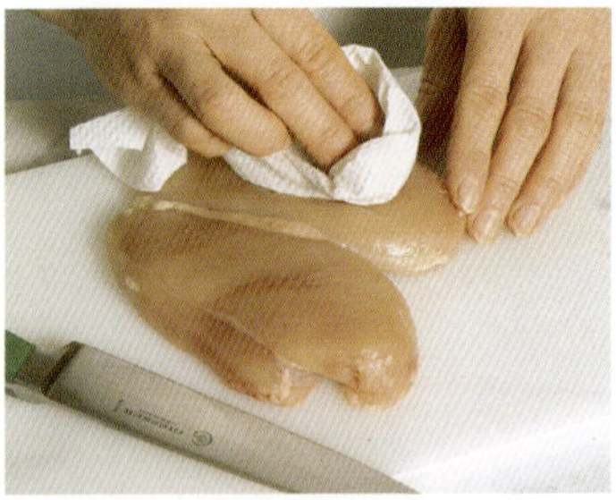

Hähnchenfilet trocken tupfen

Hähnchenfleisch waschen, trocken tupfen und in mundgerechte Würfel schneiden. Lauchzwiebeln putzen, waschen, in schmale Ringe schneiden. Ingwer und Knoblauch schälen und fein hacken.

Öl in einem Topf erhitzen. Hähnchenfleisch darin rundherum goldbraun anbraten. Zwiebeln, Ingwer und Knoblauch zufügen und glasig dünsten. 1 Teelöffel Kurkuma und Lorbeer kurz mit anrösten. Mit Sahne, Joghurt, Kokosnusscreme und Brühe ablöschen.

Paprika- und Chilipulver zufügen und alles aufkochen lassen. Bei mittlerer Hitze ca. 15 Minuten köcheln lassen.

Koriander waschen, grob hacken und unterrühren. Hähnchen-Corma mit Salz, Chili und Paprika würzig abschmecken. Lorbeerblatt entfernen, in einer flachen Schüssel anrichten, mit dem restlichen Kurkuma bestreuen und mit Lauchzwiebeln garnieren.

Ravioli-Omelett

ZUBEREITUNGSZEIT:
ca. 30 Minuten

PRO PORTION:
ca. 400 kcal/1680 kJ
E 22 g, F 22 g, KH 27 g

ZUTATEN FÜR 4 PERSONEN:
1 Bund Lauchzwiebeln
1 rote Paprikaschote
50 g gekochter Schinken
1 TL Öl
1 Packung (250 g) Spinatravioli
4 Eier (Größe M)
150 g Schmand
Salz
Pfeffer
50 g geriebener Gouda
4 Stiele Petersilie
Chilischote zum Garnieren

Lauchzwiebeln putzen, waschen und in feine Ringe schneiden. Paprika putzen, waschen und in Streifen schneiden.

Schinken in Würfel schneiden. Öl in einer Pfanne erhitzen.

Ravioli, Paprika, Schinken und Lauchzwiebeln darin verteilen. Eier und Schmand verquirlen, mit Salz und Pfeffer würzen. Eiermasse über die Ravioli gießen. Käse darüberstreuen. In der geschlossenen Pfanne bei mittlerer Hitze stocken lassen.

Inzwischen Petersilie waschen, trocken tupfen. Blättchen abzupfen und fein hacken.

Omelett herausheben und in Stücke schneiden.

Petersilie darüberstreuen und mit einer Chilischote garniert servieren.

Lauchzwiebeln in Ringe schneiden

Schollenröllchen mit geschmorten Tomaten

ZUBEREITUNGSZEIT:
ca. 30 Minuten

PRO PORTION:
ca. 260 kcal/1090 kJ
E 38 g, F 9 g, KH 7 g

ZUTATEN FÜR 4 PERSONEN:
12 Schollenfilets (à ca. 70 g)
Saft von 1/2 Zitrone
je 1 Bund Petersilie,
Schnittlauch und Dill
Salz
Pfeffer
1 Bund Lauchzwiebeln
500 g Tomaten
1 EL Butter oder Margarine
1/8 l Gemüsebrühe
Dillblüten, Dill und
Limettenscheiben zum
Garnieren
Holzspieße

Filets waschen, trocken tupfen und mit Zitronensaft beträufeln. Kräuter waschen und trocken tupfen. Blätter abzupfen und fein hacken. Fisch mit Salz und Pfeffer würzen. Kräuter auf dem Fisch verteilen und Fischfilets aufrollen. Mit Holzspießen feststecken.

Lauchzwiebeln putzen, waschen und in Ringe schneiden. Tomaten putzen, waschen und in Stücke schneiden. Fett in einer Pfanne schmelzen.

Lauchzwiebeln und Tomaten darin andünsten. Mit Brühe ablöschen. Mit Salz und Pfeffer würzen.

Tomaten-Zwiebel-Mischung in 4 kleine Förmchen geben. Je 3 Schollenröllchen in jede Form setzen.

Im vorgeheizten Backofen (E: Herd 200 °C/ Umluft: 175 °C/Gas: Stufe 3) ca. 8 Minuten garen. Mit Limettenscheiben, Dillblüten und Dill garnieren. Dazu schmeckt Baguette.

Griechische Schnitzel

ZUBEREITUNGSZEIT:
ca. 50 Minuten

PRO PORTION:
ca. 270 kcal/1130 kJ
E 29 g, F 12 g, KH 10 g

ZUTATEN FÜR 4 PERSONEN:
2 Zwiebeln
1 Knoblauchzehe
2 EL Öl
1 EL Tomatenmark
500 g passierte Tomaten
3 Stiele Thymian
Salz
Cayennepfeffer
4 dünne Schweineschnitzel
100 g Kirschtomaten
2 EL schwarze Oliven
100 g Feta

Zwiebeln schälen und in feine Würfel schneiden. Knoblauch schälen und fein hacken.
1 Esslöffel Öl in einem Topf erhitzen.
Zwiebeln darin andünsten.

Tomatenmark und Knoblauch dazugeben und 2–3 Minuten mit andünsten. Passierte Tomaten dazugießen. 2 Thymianstiele waschen, Blättchen abzupfen und grob hacken. Soße mit Salz, Cayennepfeffer und Thymian abschmecken.

1 Esslöffel Öl in der Pfanne erhitzen. Schnitzel mit Salz und Pfeffer würzen und im heißen Öl von beiden Seiten ca. 2 Minuten braten.

Schnitzel in eine Auflauffom legen. Tomaten waschen, vierteln. Oliven und Tomaten zwischen den Schnitzeln verteilen. Soße darübergießen.

Käse raspeln und auf Fleisch und Soße verteilen.

Im vorgeheizten Backofen (E-Herd: 200 °C/Umluft: 175 °C/Gas: Stufe 3) ca. 15 Minuten überbacken. Mit einem Thymianstiel verzieren.

Dazu schmeckt Fladenbrot.

Thymian waschen

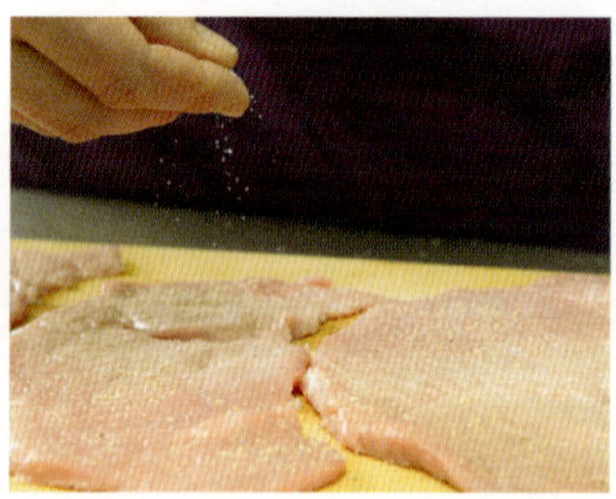

Schnitzel mit Salz und Pfeffer würzen

Kohlrabi-Möhren-Tortilla

Kartoffeln waschen und ca. 20 Minuten kochen.

In der Zwischenzeit Möhren und Kohlrabi schälen, waschen und in Stücke schneiden.

Öl in einer ofenfesten Pfanne erhitzen. Gemüse bei mittlerer Hitze unter häufigem Wenden ca. 10 Minuten darin dünsten. Gemüse beiseitestellen. Kartoffeln kalt abschrecken, pellen und in Scheiben schneiden.

Petersilie waschen, trocken tupfen.

Blättchen abzupfen und fein hacken. Eier, Milch, Sesam und Petersilie verquirlen. Mit Salz und Pfeffer würzen. Kartoffelscheiben zum Gemüse geben, mischen. Eiermilch darübergießen.

Im vorgeheizten Backofen (E-Herd: 200 °C/Umluft: 175 °C/Gas: Stufe 3) ca. 25 Minuten stocken lassen.

Mit Petersilie garniert servieren. Dazu schmeckt Ciabatta.

ZUBEREITUNGSZEIT:
ca. 1 Stunde

PRO PORTION:
ca. 320 kcal/1340 kJ
E 14 g, F 16 g, KH 30 g

ZUTATEN FÜR 4 PERSONEN
750 g Kartoffeln
2 Möhren
1 Kohlrabi
2-3 EL Öl
1 Bund glatte Petersilie
4 Eier (Größe M)
125 ml Milch
2 EL Sesam
Salz
Pfeffer

Eier und Milch verquirlen

Schweinegeschnetzeltes mit Gemüsereis

Reis in kochendem Salzwasser nach Packungsanweisung garen. Gemüse putzen, waschen und in kleine Stücke schneiden. Gemüse 5–8 Minuten in kochendem Salzwasser garen. Fleisch waschen, trocken tupfen und in Streifen schneiden. Zwiebeln schälen und in Spalten schneiden.

Öl in einer beschichteten Pfanne erhitzen. Fleisch darin ca. 5 Minuten braten, Zwiebeln zufügen und kurz anbraten. Majoran waschen, etwas kleiner zupfen. Fleisch mit Salz, Pfeffer und Majoran würzen.

Tomatenmark einrühren.

Mit Milch und Brühe ablöschen, einmal aufkochen. Mit Soßenbinder binden, nochmals aufkochen.

Reis und Gemüse abgießen und mischen. Gemüsereis und Geschnetzeltes auf Tellern anrichten.

ZUBEREITUNGSZEIT:
ca. 30 Minuten

PRO PORTION:
ca. 300 kcal/1260 kJ
E 28 g, F 5 g, KH 34 g

ZUTATEN FÜR 4 PERSONEN:
150 g Langkornreis
Salz
2 Möhren
150 g grüne Bohnen
1 Zucchini
400 g Schweineschnitzel
3 kleine Zwiebeln
1 EL Öl
2 Stiele Majoran
Pfeffer
1 EL Tomatenmark
100 ml fettarme Milch
250 ml Gemüsebrühe
1 TL heller Soßenbinder

Bohnen putzen

Schnitzel in Streifen schneiden

Kartoffel-Gurken-Salat

ZUBEREITUNGSZEIT:
ca. 1 Stunde

PRO PORTION:
ca. 260 kcal/1090 kJ
E 6 g, F 8 g, KH 40 g

ZUTATEN FÜR 4 PERSONEN:
1 kg festkochende Kartoffeln
1/2 Salatgurke
1 Bund Radieschen
1 Schalotte
3 EL Olivenöl
150 ml Gemüsebrühe
3 EL Weißweinessig
1–2 EL Zitronensaft
Salz
Pfeffer
1 Prise Zucker
100 g gemischter Blattsalat (z. B. Eichblatt- und Römersalat)
1/2 Bund Schnittlauch
grob zerstoßener Pfeffer
Petersilie und Schnittlauch zum Garnieren

Kartoffeln ca. 20 Minuten kochen. Kartoffeln abgießen, kalt abschrecken und pellen. Gurke waschen, evtl. schälen und in feine Scheiben hobeln. Radieschen waschen, putzen und in Scheiben schneiden. Schalotte schälen und in feine Ringe schneiden.

Öl in einer Pfanne erhitzen, Schalottenringe darin andünsten. Mit Brühe ablöschen, aufkochen und vom Herd nehmen. Essig einrühren.
Kartoffeln in Scheiben schneiden. Kartoffel-, Radieschen- und Gurkenscheiben zur Brühe geben. Mit Zitronensaft, Salz, Pfeffer und Zucker abschmecken. Ca. 20 Minuten ziehen lassen.

Inzwischen Salate putzen, waschen und trocken tupfen. Blätter kleiner zupfen und unter den Kartoffel-Gurken-Salat heben. Schnittlauch waschen, trocken tupfen und in Röllchen schneiden. Kartoffel-Gurken-Salat anrichten, mit Schnittlauchröllchen und zerstoßenem Pfeffer bestreuen.

Mit Petersilie und Schnittlauch garnieren. Dazu passen Schweineschnitzel.

Radieschen in Scheiben schneiden

Schalotte schälen

Gegrilltes Kräuterhähnchen mit Kartoffelsalat

ZUBEREITUNGSZEIT:
ca. 45 Minuten

PRO PORTION:
ca. 320 kcal/1340 kJ
E 39 g, F 4 g, KH 31 g

ZUTATEN FÜR 4 PERSONEN:
750 g Kartoffeln
je 1/2 Bund Thymian und Oregano
1 Bund Petersilie
1 unbehandelte Zitrone
4 Hähnchenfilets (à ca. 150 g)
Salz
weißer Pfeffer
4 Tomaten
125 g Rauke
100 ml Gemüsebrühe
3 EL Essig
1 EL Öl
Zucker
Holzspießchen

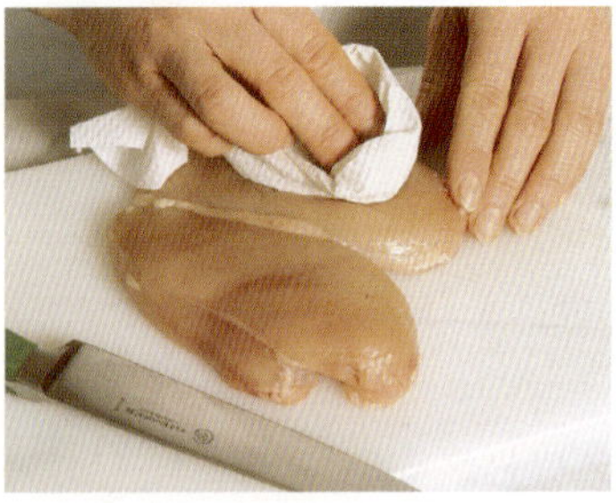

Hähnchenfilet trocken tupfen

Raukeenden abschneiden

Kartoffeln waschen und ca. 20 Minuten kochen. Inzwischen Kräuter waschen, trocken tupfen. Blättchen abzupfen und grob hacken. Zitrone heiß waschen, trocken reiben und die Schale abreiben. Kräuter und Zitronenschale mischen.

Hähnchenfilets waschen, trocken tupfen und eine Tasche hineinschneiden. Hähnchenfilets innen mit Salz und Pfeffer würzen, mit den Kräutern füllen. Mit Holzspießchen zustecken. Kartoffeln abgießen, abschrecken, pellen und abkühlen lassen. Hähnchenfilets unter dem vorgeheizten Grill des Backofens 12–15 Minuten grillen. Dabei ab und zu wenden. Mit Salz und Pfeffer würzen. Inzwischen Tomaten waschen, putzen und in Stücke schneiden. Rauke putzen und waschen. Kartoffeln in Scheiben schneiden. Brühe erhitzen. Essig und Öl einrühren, mit Salz, Pfeffer und Zucker abschmecken. Dressing über die Kartoffeln gießen. Tomaten und Rauke unterheben. Hähnchenfilets und Kartoffelsalat auf Tellern anrichten.

Puten-Gurken-Ragout

ZUBEREITUNGSZEIT:
ca. 30 Minuten

PRO PORTION:
ca. 310 kcal/1300 kJ
E 39 g, F 11 g, KH 12 g

ZUTATEN FÜR 4 PERSONEN:
2 Salatgurken
1 Gemüsezwiebel
2 EL Rapsöl
1 EL Butter
1 EL mildes Currypulver
Salz
1 EL Honig
1 EL Sojasoße
1/2 l Gemüse oder Geflügelbrühe
600 g Putenbrust
2 EL Sesam
2–3 TL Limettensaft
3 Stiele Minze

Gurken schälen und längs halbieren. Kerne mit einem Löffel herausschaben. Fruchtfleisch in 2 cm dicke Scheiben schneiden. Zwiebel schälen und in Würfel schneiden.

1 Esslöffel Rapsöl und Butter in einem Topf erhitzen. Zwiebel darin glasig dünsten. Curry darin anschwitzen. Gurkenwürfel zugeben und andünsten. Mit Salz würzen. Honig und Sojasoße zugeben und mit Brühe ablöschen.

Bei mittlerer Hitze ca. 10 Minuten köcheln lassen. Fleisch in grobe Würfel (ca. 3 x 3 cm) schneiden. Sesam in einer Pfanne ohne Fett anrösten und herausnehmen.

2 Esslöffel Rapsöl in der Pfanne erhitzen und Putenwürfel darin rundherum goldbraun braten. Herausnehmen und zum Gurkenragout geben. Mit Limettensaft abschmecken. Minze fein schneiden. Ragout mit Sesam und Minze bestreut servieren.

Kokos-Currysuppe mit Putenbrust

ZUBEREITUNGSZEIT:
ca. 40 Minuten

PRO PORTION:
ca. 340 kcal/1420 kJ
E 27 g, F 20 g, KH 11 g

ZUTATEN FÜR 4 PERSONEN:
1 Bund (150 g) Lauchzwiebeln
2 Knoblauchzehen
10 g Ingwer
400 g Putenbrust
3 EL Öl
Salz
Pfeffer
1 gehäufter TL Curry
1/2–1 TL gemahlener Koriander
3/4 l klare Hühnerbouillon
1 Dose (425 ml) Kokosmilch, cremig
100 g Schlagsahne
30 g Mehl
1 Topf Koriander
1–2 EL Limettensaft
ca. 20 g Kokoschips
Limettenscheiben zum Garnieren

Lauchzwiebeln putzen, waschen und schräg in dünne Scheiben schneiden. Knoblauch und Ingwer schälen und beides fein hacken.

Putenfleisch waschen, trocken tupfen und in kleine Würfel schneiden. Öl in einem Topf erhitzen und das Fleisch kurz und scharf darin anbraten.

Mit Salz und Pfeffer würzen und herausnehmen.

Lauchzwiebeln, bis auf einen Esslöffel voll, darin andünsten.

Knoblauch, Ingwer, Curry und Koriander zufügen, kurz mitdünsten und mit Bouillon und Kokosmilch ablöschen. Sahne und Mehl glatt rühren, in die Suppe rühren und aufkochen. Zugedeckt ca. 5 Minuten köcheln lassen, dabei ab und zu umrühren.

Inzwischen Koriandergrün waschen, trocken tupfen und die Blättchen abzupfen.

Fertige Suppe mit Limettensaft, Salz und Pfeffer abschmecken. Fleisch in die Suppe geben und darin erwärmen.

Suppe in tiefen Tassen anrichten und mit restlichen Lauchzwiebeln, Kokos-Chips und Korianderblättchen bestreuen. Mit Limettenscheiben garniert servieren.

Dazu schmeckt frisches Baguette.

Lauchzwiebeln in Ringe schneiden

Korianderblättchen abzupfen

Spaghetti mit Tomaten-Thunfischsoße

Zwiebel schälen und fein würfeln. Knoblauch schälen und fein hacken. Thunfisch in ein Sieb gießen und abtropfen lassen. Möhren putzen, waschen und fein würfeln.

Olivenöl in einer Pfanne erhitzen. Zwiebel und Möhren darin unter Wenden anbraten. Knoblauch und Kräuter zufügen, kurz mit anbraten. Nudeln in reichlich kochendem Salzwasser nach Packungsanweisung garen.

Tomatenmark in die Möhren-Zwiebelmischung rühren, kurz anschwitzen und mit Tomaten ablöschen, aufkochen lassen und ca. 5 Minuten bei schwacher Hitze köcheln lassen. 2 Minuten vor Ende der Garzeit Thunfisch und Oliven zufügen. Soße mit Salz, Pfeffer, Zucker und Paprika abschmecken.

Nudeln auf ein Sieb gießen und abtropfen lassen. Nudeln und Soße auf Tellern anrichten. Nach Belieben mit Basilikum, Rosmarin und Parmesan garniert servieren.

ZUBEREITUNGSZEIT:
ca. 30 Minuten

PRO PORTION:
ca. 590 kcal/2470 kJ
E 26 g, F 17 g, KH 81 g

ZUTATEN FÜR 4 PERSONEN:
1 Zwiebel
2 Knoblauchzehen
1 Dose (185 g) Thunfischfilets in Öl
150 g Möhren
1–2 EL Olivenöl
2 EL getrocknete italienische Kräuter
500 g Spaghetti
Salz
2 EL Tomatenmark
1 Packung (500 g) passierte Tomaten
75 g Kalamata Oliven (mit Stein)
schwarzer Pfeffer
Zucker
edelsüße Paprika
nach Belieben Basilikum, Rosmarin, Parmesan

Bandnudeln mit Putenstreifen

Schalotten schälen, größere halbieren. Brokkoli putzen, in Röschen teilen und waschen. Putenfleisch waschen, trocken tupfen und in Streifen schneiden. Tomaten abtropfen lassen und in Streifen schneiden.

Chili waschen, entkernen und in feine Würfel schneiden. Nudeln in kochendem Salzwasser nach Packungsanweisung garen.

Inzwischen Öl in einer Pfanne mit hohem Rand erhitzen, Putenstreifen bei starker Hitze darin goldbraun anbraten. Mit Salz und Pfeffer würzen, herausnehmen. Schalotten und Chili im Bratöl andünsten. Mit Wein ablöschen und ca. 3 Minuten köcheln lassen.

Fleisch anbraten

Nudeln abgießen und abtropfen lassen.

Brühe in die Pfanne gießen und aufkochen. Brokkoli und Putenstreifen zugeben und zugedeckt ca. 5 Minuten garen. Soßenbinder einrühren, nochmals ca. 2 Minuten köcheln lassen. Mit Salz, eventuell Pfeffer und Zucker abschmecken.

Nudeln und Tomatenstreifen unterrühren, erwärmen und auf Tellern anrichten. Mit Petersilie garniert servieren.

ZUBEREITUNGSZEIT:
ca. 35 Minuten

PRO PORTION:
ca. 400 kcal/1680 kJ
E 25 g, F 9 g, KH 47 g

ZUTATEN FÜR 4 PERSONEN:
150 g Schalotten
500 g Brokkoli
250 g Putenbrust
100 g getrocknete Tomaten
1 rote Chilischote
200 g Nudeln
(z. B. Bandnudeln)
Salz
2 EL Öl
Pfeffer
150 ml trockener Weißwein
300 ml Gemüsebrühe
1–2 EL heller Soßenbinder
1 Prise Zucker
Petersilie zum Garnieren

anspruchsvoller

chsvoll

Gefüllte Weinblätter

ZUBEREITUNGSZEIT:
ca. 1 3/4 Stunden

PRO PORTION:
ca. 320 kcal/1340 kJ
E 6 g, F 14 g, KH 44 g

ZUTATEN FÜR 4 PERSONEN:
250 g Langkornreis
200 g Zwiebeln
1 Knoblauchzehe
1/2 Bund Dill
1/3 Bund Petersilie
50 g weiße Mandelkerne
5 EL Olivenöl
75 g Korinthen oder Sultaninen
Salz
Pfeffer
1/2 TL gemahlener Piment
1/2 TL gemahlener Zimt
250 g eingelegte Weinblätter
5 Zitronenscheiben
(von 1 unbehandelten Zitrone)
3/4–1 l Gemüsebrühe

Zwiebel schälen

Knoblauch schälen

Reis mit kaltem Wasser bedecken und 20–30 Minuten stehen lassen. Inzwischen Zwiebeln und Knoblauch schälen. Zwiebeln fein würfeln, Knoblauch durch eine Knoblauchpresse drücken. Kräuter waschen, trocken tupfen und hacken. Mandeln grob hacken. Reis gut abtropfen lassen. 3 Esslöffel Olivenöl in einer Pfanne erhitzen. Mandeln, Korinthen, Zwiebeln und Knoblauch darin andünsten. Zum Schluss Reis zufügen, kurz mitdünsten und mit Salz, Pfeffer, Piment und Zimt würzen. Kräuter unterrühren und abkühlen lassen. Inzwischen Weinblätter auseinanderlegen und mit einigen Blättern den Boden eines weiten Topfes auslegen.

Von den restlichen Blättern eventuelle Stiele wegschneiden. Auf die breite Seite jedes Blattes ca. 2 Teelöffel Reisfüllung geben, Seiten einschlagen und das Blatt zur Spitze hin fest aufrollen. Röllchen dicht nebeneinander in den Topf legen. Zitronenscheiben auf die gefüllten Weinblätter legen. Mit restlichem Olivenöl beträufeln und mit den übrigen Weinblättern bedecken. Röllchen eventuell mit einem umgedrehten kleinen Teller beschweren.

Ca. 3/4 Liter Brühe angießen, bis die Röllchen ca. 2 Finger breit bedeckt sind. Zugedeckt aufkochen und bei mittlerer Hitze ca. 30 Minuten garen. Im Topf ca. 1 Stunde abkühlen lassen. Dann aus dem Topf servieren. Dazu griechischen Joghurt, Oliven und Fladenbrot reichen. Ergibt ca. 30 Röllchen.

Jamaikanische Kürbissuppe mit Hühnchenspieß

ZUBEREITUNGSZEIT:
ca. 1 Stunde

PRO PORTION:
ca. 370 kcal/1530 kJ
E 14 g, F 25 g, KH 20 g

ZUTATEN FÜR 4 PERSONEN:
300 g Tomaten
1 Knoblauchzehe
3 Zwiebeln
1 kg Kürbis,
z. B. Muskatkürbis
2 EL + 1 EL Öl
Salz
Pfeffer
1 Dose (à 400 ml) Kokosmilch
250 ml Gemüsebrühe
2 Limetten
1/2 TL Ingwerpulver
1 Msp. Safranpulver
1 TL Paprikapulver
1/4 TL Chilipulver
1 Hähnchenbrust
1 EL Kokosraspeln
1 EL Kokos-Chips
4 Stiele Koriander
4 Holzspieße

Tomaten an der Spitze über Kreuz einschneiden und in kochendes Wasser geben. Nach ca. 10 Sekunden wieder herausnehmen und in kaltem Wasser abschrecken. Tomaten schälen und Stielansatz entfernen. 1 Tomate beiseitelegen. Übrige Tomaten in Stücke schneiden.

Knoblauch schälen und in Scheiben schneiden. Zwiebeln und Kürbis schälen und, bis auf ca. 50 g Kürbis, in Stücke schneiden.

1 Esslöffel Öl in einem Topf erhitzen und die Zwiebeln 2–3 Minuten darin anschwitzen. Kürbis, Knoblauch und Tomaten dazugeben und nochmals 3–4 Minuten anschwitzen.

Mit Salz und Pfeffer würzen.

Tomaten abschrecken

Kürbis schälen

Mit Kokosmilch und Brühe aufgießen und ca. 20 Minuten bei mittlerer Hitze köcheln lassen.

1 Limette waschen, trocken reiben, halbieren und auspressen. Ingwer, Safran, Paprika, Limettensaft und Chilipulver zu der Suppe geben. Hähnchen waschen, trocken tupfen und in ca. 2 cm große Stücke schneiden. 1 Limette waschen, trocken reiben und in 6 Spalten schneiden. Diese wiederum halbieren. Hähnchen und Limette abwechselnd auf 4 Spieße verteilen und mit Salz und Pfeffer würzen. 1 Esslöffel Öl in einer Pfanne erhitzen und die Spieße darin 6–8 Minuten braten.

Tomate vierteln, Kerngehäuse entfernen und in kleine Würfel schneiden. Kürbis ebenfalls in kleine Würfel schneiden.

Kokos-Chips und -raspeln ohne Fett in der Pfanne rösten.

Wenn der Kürbis weich ist, die Suppe pürieren und nochmals abschmecken. Koriander waschen, trocken tupfen und die Blättchen grob hacken.

1 Teelöffel Öl in der Pfanne erhitzen und die Tomaten und Kürbiswürfel darin kurz anschwitzen. Suppe und Spieß anrichten und mit Tomaten- und Kürbiswürfeln, Koriander und Kokos garnieren.

Tomatengulasch

ZUBEREITUNGSZEIT:
ca. 1 1/2 Stunden

PRO PORTION:
ca. 290 kcal/1210 kJ
E 43 g, F 10 g, KH 7 g

ZUTATEN FÜR 4 PERSONEN:
750 g gemischtes Gulasch
1 Zwiebel
2–3 EL Öl
Salz
Pfeffer
2 Lorbeerblätter
1 EL Mehl
edelsüße Paprika
150 g gelbe Tomaten
200 g Flaschentomaten
1 rote Paprikaschote
1 Stiel Rosmarin
1 Stiel glatte Petersilie
1–2 EL Balsamessig
frische Kräuter, eingelegte Peperoni und Oliven zum Garnieren

Gulasch mit Mehl bestäuben

Fleisch waschen und trocken tupfen. Zwiebel schälen, in Spalten schneiden. Öl erhitzen. Vorbereitete Zutaten darin kräftig anbraten. Mit Salz, Pfeffer und Lorbeer würzen. Mit Mehl und Paprikapulver bestäuben. 300 ml Wasser unter ständigem Rühren zufügen und zunächst ca. 20 Minuten schmoren.

Tomaten und Paprika putzen, waschen und in Stücke schneiden. Rosmarinnadeln vom Stiel streifen. Petersilie waschen, trocken tupfen und hacken. Alles zum Gulasch geben, etwas würzen.

Zugedeckt weitere ca. 40 Minuten schmoren. Mit Salz, Pfeffer und Essig abschmecken.

Mit frischen Kräutern, eingelegten Peperoni und Oliven garniert servieren.

Hackbällchen in Tomatensoße

ZUBEREITUNGSZEIT:
ca. 1 Stunde

PRO PORTION:
ca. 240 kcal/1000 kJ
E 6 g, F 16 g, KH 16 g

ZUTATEN FÜR 4 PERSONEN:
1 Brötchen vom Vortag
1/4 l Milch
6 Zwiebeln
5 Knoblauchzehen
600 g gemischtes Hackfleisch
2 Eier
Salz
Pfeffer
150 ml trockener Sherry
3 EL Olivenöl
2 EL Mehl
1 Packung Tomatenpüree (500 g)
200 ml Gemüsebrühe
1 Prise Zucker
1/2 Bund Petersilie
Mehl für die Hände

Brötchen in der Milch einweichen. Zwiebeln schälen und fein würfeln. Knoblauch schälen, die Hälfte durch eine Knoblauchpresse drücken.

Restliche Zehen in Scheiben schneiden.

Hackfleisch, die Hälfte der Zwiebeln, durchgepressten Knoblauch, Eier, ausgedrücktes Brötchen, Salz, Pfeffer und 50 ml Sherry zu einem glatten Teig verkneten.

Mit bemehlten Händen kleine Hackbällchen formen. 2 Esslöffel Olivenöl in einer Pfanne erhitzen und die Hackbällchen darin bei mittlerer Hitze ca. 5 Minuten braten.

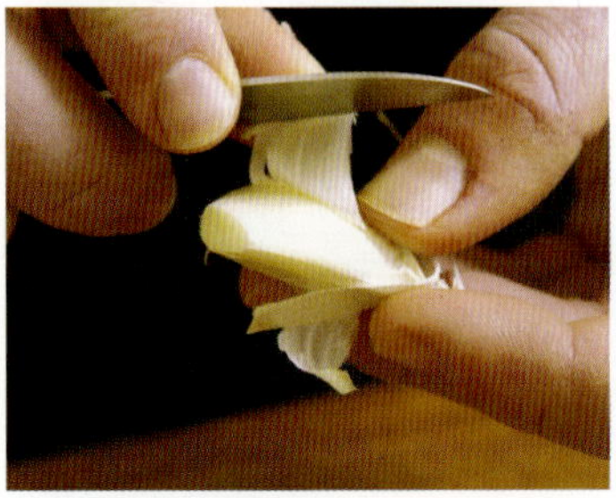

Knoblauch schälen

In der Zwischenzeit restliches Öl in einem Topf erhitzen.

Restliche Zwiebeln und Knoblauchscheiben, bis auf 1 Esslöffel zum Garnieren, darin anbraten. Mit restlichem Mehl

bestäuben, verrühren und mit Tomatenpüree, Brühe und restlichem Sherry ablöschen. Aufkochen lassen, mit Salz, Pfeffer und Zucker abschmecken und bei mittlerer Hitze ca. 25 Minuten köcheln lassen. Hackbällchen nach der Hälfte der Garzeit in die Soße geben und bis zum Ende mitgaren. Petersilie waschen, trocken tupfen und grob hacken. Hackbällchen in einer Terrine mit dem beiseitegestellten Zwiebel-Knoblauchgemisch und mit der Petersilie bestreut servieren. Dazu schmeckt Safranreis mit Erbsen.

Gefüllte Schollenröllchen mit Salat

ZUBEREITUNGSZEIT:
ca. 1 3/4 Stunden

PRO PORTION:
ca. 200 kcal/840 kJ
E 3 g, F 10 g, KH 5 g

ZUTATEN FÜR 4 PERSONEN:
8 Schollenfilets (à ca. 75 g)
2 EL Zitronensaft
Salz, Pfeffer
5 Tomaten
1 Töpfchen Basilikum
75 ml trockener Weißwein
1 unbehandelte Zitrone
1 Scheibe Toastbrot
1/2 Bund Petersilie
1 gelbe Paprikaschote
1/2 Salatgurke
1 Kopfsalat
2 EL Essig
1 Prise Zucker
2 EL Öl
Zitronenspalten zum Garnieren

Fisch waschen, trocken tupfen, mit Zitronensaft beträufeln und Salz würzen.

3 Tomaten in kochendes Wasser geben, herausnehmen und abschrecken. Haut abziehen, Tomaten vierteln und entkernen. Fruchtfleisch in kleine Würfel schneiden. Basilikum waschen, etwas zum Garnieren beiseitelegen. Blättchen abzupfen und grob hacken. 2/3 der Tomatenwürfel und Basilikum mischen, auf die Schollenfilets verteilen und aufrollen. Schollenröllchen in eine Auflaufform setzen, Wein und 100 ml Wasser zugießen.

Im vorgeheizten Backofen (E-Herd: 200 °C/Umluft: 175 °C/Gas: Stufe 3) ca. 15 Minuten garen. Zitrone waschen, trocken reiben und die Schale abreiben. Toast fein zerbröseln. Petersilie waschen, fein hacken. Mit Zitronenschale und Toastbröseln mischen. Ca. 5 Minuten vor Ende der Garzeit restliche Tomatenwürfel zum Sud geben und Petersilien-Zitronen-Mischung auf die Schollenröllchen streuen.

Paprika putzen, waschen und in Stücke schneiden. Gurke waschen, putzen, längs halbieren und in Scheiben schneiden. 2 Tomaten waschen, putzen und in Spalten schneiden.

Salat putzen, waschen und in mundgerechte Stücke zupfen. Essig, Salz, Pfeffer und Zucker verrühren. Öl darunterschlagen. Salatzutaten und Marinade vermengen, in einer Schüssel anrichten.

Schollenröllchen mit Sud auf Tellern anrichten. Mit Basilikum und Zitronenspalten garnieren. Salat dazu servieren. Dazu schmecken Petersilienkartoffeln.

Zitrone abreiben

Schwein Vindaloo

ZUBEREITUNGSZEIT:
ca. 1 1/4 Stunden

PRO PORTION:
ca. 280 kcal/1170 kJ
E 41 g, F 9 g, KH 6 g

ZUTATEN FÜR 4 PERSONEN
4 getrocknete rote Chilischoten
1/8 l Kokosnussessig
(im Asienladen erhältlich, ersatzweise Rotweinessig)
4 große Knoblauchzehen
1 Stück frischer Ingwer
(ca. 20 g)
1 TL Salz
1 TL gemahlener Kreuzkümmel
jeweils 1/4 TL gemahlener schwarzer Pfeffer, Zimt, Kardamom, Nelken und Muskatnuss
750 g Schweinegulasch
2 Zwiebeln
2 EL Sojaöl
1/2–1 EL brauner Zucker
Lauchzwiebel- und rote Chilischotenringe zum Bestreuen

Chilischoten ca. 10 Minuten im Essig einweichen. Knoblauch schälen und grob hacken. Ingwer schälen und fein würfeln. Chilischoten, Essig, Knoblauch und Ingwer mit einem Mixstab fein pürieren. Salz, Kreuzkümmel, Pfeffer, Zimt, Kardamom, Nelken und Muskat zufügen und unterrühren. Würzpaste unter das Fleisch mischen und zugedeckt ca. 1 Stunde marinieren. Zwiebeln schälen und fein würfeln. Öl in einem Topf erhitzen. Fleisch kurz abtropfen lassen und im heißen Öl anbraten. Zum Schluss Zwiebeln zufügen und kurz mit anbraten. Marinade und ca. 1/8 Liter Wasser zufügen und zugedeckt ca. 50 Minuten schmoren. Mit braunem Zucker abschmecken und mit Lauch und Chili bestreut servieren. Dazu schmeckt Reis.

Knoblauch schälen

Kürbisknödel mit Puten-Curry-Geschnetzeltem

ZUBEREITUNGSZEIT:
ca. 1 1/2 Stunden

PRO PORTION:
ca. 400 kcal/1700 kJ
E 13 g/F 12 g/KH 58 g

ZUTATEN FÜR 4 PERSONEN:
750 g mehlig kochende Kartoffeln
Salz
1 Zwiebel
1 Mango
1 Stange Porree
300 g Putenbrust
200 g Hokkaido-Kürbis
70 g Mehl
50 g Grieß
2 Eier (Größe M)
Pfeffer
geriebene Muskatnuss
evtl. etwas Kartoffelmehl
2 TL Öl
ca. 1 TL Currypulver
200 ml Gemüsebrühe
100 g Crème fraîche
4 Stiele Petersilie

Kartoffeln schälen, waschen und halbieren. Kartoffeln in Salzwasser ca. 20 Minuten weich kochen. Inzwischen Zwiebel schälen und fein würfeln. Mango schälen, Fruchtfleisch vom Kern schneiden und klein schneiden. Porree waschen, putzen und in Ringe schneiden. Porree in kochendem Salzwasser ca. 4 Minuten blanchieren, dann unter kaltem Wasser abschrecken und abtropfen lassen.

Kartoffeln abgießen und durch eine Kartoffelpresse auf ein Blech pressen und auskühlen lassen.

Putenfleisch waschen, trocken tupfen und in Würfel schneiden. Kürbis schälen und fein reiben. Mehl, kalte Kartoffelmasse, Grieß, Eier und Kürbis vermengen und mit Salz, Pfeffer und Muskat abschmecken.
1 Probeknödel drehen und in kochendem Salzwasser ca. 15 Minuten ziehen lassen. Ist der Knödel zu weich, etwas Kartoffelmehl unter die Masse geben. 12 Knödel formen und gar ziehen lassen.

1 Teelöffel Öl in einer beschichteten Pfanne erhitzen. Putenwürfel unter Wenden 2-3 Minuten anbraten, dann aus der Pfanne nehmen. 1 Teelöffel Öl in der Pfanne erhitzen. Zwiebelwürfel 1-2 Minuten darin anschwitzen und mit Curry bestäuben. Mit Brühe ablöschen und ca. 4 Minuten köcheln lassen. Finesse und Porree zugeben und mit Salz und Pfeffer abschmecken.

Mango und Putenwürfel zugeben und 1-2 Minuten köcheln lassen. Petersilie waschen, trocken tupfen und die Blättchen von 2 Stielen in dünne Streifen schneiden. Knödel aus dem Wasser nehmen und auf dem Curry anrichten. Mit Petersilienstreifen und Blättchen garnieren.

Kartoffelspalten und Gemüse vom Blech mit Quark-Dip

Kartoffeln schälen, gründlich waschen und in kochendem Salzwasser ca. 25 Minuten garen. Inzwischen 1 Zwiebel schälen und fein reiben. Möhren putzen, waschen und raspeln. Für die Soße Knoblauch schälen und fein hacken.
1 Zwiebel schälen und würfeln. 1 Esslöffel Öl in einem Topf erhitzen, gewürfelte Zwiebel und Knoblauch darin dünsten. Italienischen Kräuter zufügen, kurz mit andünsten.

Mit Tomaten ablöschen und mit Salz, Pfeffer und Paprika würzen. Aufkochen und ca. 5 Minuten bei schwacher Hitze köcheln lassen. Warm halten.

Petersilie waschen, trocken schütteln und Blättchen von den Stielen zupfen. Rauke waschen und gut abtropfen lassen. Radieschen putzen, waschen und in Stifte schneiden. Essig, Salz, Pfeffer und Zucker verrühren. 1 Esslöffel Öl darunterschlagen. Rauke, Radieschen und Marinade mischen. Kartoffeln abgießen, durch eine Kartoffelpresse drücken. Kartoffelmehl, Eigelbe, Quark, Möhren, geriebene Zwiebel und getrocknete Petersilie zufügen, mit den noch warmen Kartoffeln verkneten und kräftig mit Salz, Pfeffer und Muskat abschmecken.

Aus der Masse 12 Frikadellen formen. Auf einige Frikadellen je 1 Petersilienblatt legen, leicht andrücken.

Butterschmalz in einer Pfanne erhitzen und in zwei Portionen je 6 Frikadellen bei mittlerer Hitze von beiden Seiten goldgelb braten.

Frikadellen, Soße mit Thymian garniert und Salat auf Tellern anrichten.

Kartoffeln schälen

ZUBEREITUNGSZEIT:
ca. 50 Minuten

PRO PORTION:
ca. 310 kcal/1300 kJ
E 13 g/F 13 g/KH 32 g

ZUTATEN FÜR 4 PERSONEN:
500 g Kartoffeln
Salz
2 Zwiebeln
175 g Möhren
2-3 Knoblauchzehen
2 EL Öl
1 TL getrocknete ital. Kräuter
500 g stückige Tomaten
Pfeffer
edelsüße Paprika
1-2 Stiele glatte Petersilie
100 g Rauke
100 g Radieschen
2-3 EL Kräuteressig
1 Prise Zucker
50 g Kartoffelmehl
2 Eigelb (Größe M)
200 g Magerquark
1 EL Petersilie
geriebene Muskatnuss
15 g Butterschmalz
Thymian zum Garnieren

Quark-Spinat-Klößchen

ZUBEREITUNGSZEIT:
ca. 1 Stunde

PRO PORTION:
ca. 260 kcal/1090 kJ
E 15 g, F 7 g, KH 35 g

ZUTATEN FÜR 4 PERSONEN:
300 g Kartoffeln
100 g Spinat
Salz
1 Zwiebel
1 Knoblauchzehe
1 Dose (850 ml) Tomaten
je 3 Stiele Thymian und Basilikum
1 EL Olivenöl
1 TL Zucker
Pfeffer
100 g Magerquark
100 g Mehl
geriebene Muskatnuss
50 g Parmesan
Thymian und Basilikum zum Garnieren

Spinat kochen

Kartoffeln durchpressen

Kartoffeln waschen und ca. 20 Minuten kochen. Inzwischen Spinat waschen, putzen und in wenig kochendem Salzwasser 1–2 Minuten garen. Spinat abtropfen lassen. Zwiebel und Knoblauch schälen, fein würfeln. Tomaten in der Dose mit einem Messer zerkleinern. Thymian und Basilikum waschen, trocken tupfen und, bis auf etwas zum Garnieren, fein hacken.

Öl in einer Pfanne erhitzen, Zwiebel und Knoblauch darin andünsten. Mit Zucker bestreuen und mit Tomaten ablöschen. Aufkochen, bei mittlerer Hitze ca. 15 Minuten einkochen lassen. Mit Salz und Pfeffer würzen, Kräuter einrühren.

Kartoffeln abschrecken, pellen und durch eine Kartoffelpresse drücken. Spinat ausdrücken und fein hacken. Quark, Mehl und Spinat unter die Kartoffeln kneten, mit Salz und Muskat würzen.

Aus der Masse mit bemehlten Händen ca. 45 Klößchen formen. Klößchen in kochendes Salzwasser geben und bei schwacher Hitze ca. 10 Minuten gar ziehen lassen.

Herausheben und abtropfen lassen. Quarkklößchen und Tomatensoße anrichten. Parmesan hobeln, darüberstreuen. Mit Thymian und Basilikum garniert servieren.

Grüne Spargelsuppe

Brötchen in kaltem Wasser einweichen. Spargel waschen, abtropfen lassen und die holzigen Enden abschneiden. Eventuell das untere Drittel schälen. Spargelköpfe abschneiden und beiseitestellen. Übrige Spargelstangen in Stücke schneiden.

Hähnchenfilets waschen, trocken tupfen und in Stücke schneiden. In zwei Portionen im Universalzerkleinerer hacken. Zwiebel schälen und fein würfeln. Petersilie und Kerbel waschen, trocken tupfen und, bis auf etwas Kerbel zum Garnieren, hacken.

Brötchen gut ausdrücken und mit dem Hähnchenfleisch, Ei, Kräutern, etwas Salz, Pfeffer und der Hälfte der Zwiebeln verkneten. Mit angefeuchteten Händen ca. 32 kleine Klößchen formen.

Brühe aufkochen und die Spargelköpfe 2–3 Minuten darin garen. Herausnehmen. Klößchen in die heiße Brühe geben. Zugedeckt ca. 5 Minuten ziehen lassen. Klößchen herausnehmen und beiseitestellen. Fett in einem Topf erhitzen und die übrigen Zwiebelwürfel darin glasig dünsten.

Spargelstücke zufügen, kurz mitdünsten und mit der heißen Brühe ablöschen. Aufkochen und zugedeckt 10–15 Minuten köcheln lassen.

Spargel in der Brühe pürieren, Crème fraîche unterrühren, mit Salz, Pfeffer und Zitronensaft abschmecken. Spargelköpfe und Klößchen in die heiße Suppe geben und erwärmen. Suppe auf Tellern anrichten und üppig mit restlichen Kerbelblättchen bestreuen und garnieren. Dazu schmeckt frisches Baguette.

ZUBEREITUNGSZEIT:
ca. 1 Stunde

PRO PORTION:
ca. 360 kcal/1510 kJ
E 31 g, F 20 g, KH 13 g

ZUTATEN FÜR 4 PERSONEN:
1 Brötchen vom Vortag
1 kg grüner Spargel
400 g Hähnchenfilets
1 mittelgroße Zwiebel
1/3 Bund Petersilie
1 Topf frischer Kerbel
1 Ei (Größe M)
Salz
Pfeffer
1,2 l klare Hühnerbouillon
20 g Butter oder Margarine
100 g Crème fraîche
ca. 1 EL Zitronensaft

Brötchen einweichen

Spargelenden abschneiden

Rezeptregister